Mein großes Schulstart-Heft

mit dem kleinen Raben Socke

esslinger

Vom kleinen Raben Socke und seinen Freunden gibt es viele lustige und spannende Geschichten, tolle Accessoires und eine Kindergarten- und Vorschul-Lernreihe.
Zu entdecken unter:
www.esslinger-verlag.de/kleiner_rabe_socke

Konzept und Texte: Dorothee Kühne-Zürn
Sprüche vom kleinen Raben Socke: Nele Moost
Umschlagillustration und Vignetten vom kleinen Raben Socke: Annet Rudolph
Illustrationen: Steffen Schneider

Dieses Werk folgt der reformierten Rechtschreibung und Zeichensetzung.

Anschrift: Postfach 10 03 25, 73703 Esslingen
www.esslinger-verlag.de

ISBN 978-3-480-22667-2

Inhalt

Die Buchstaben
Mit uns kommst du durchs Alphabet 4
Die Buchstaben von A bis Z 6
Spielerische Übungen rund um die Buchstaben und Vorübungen zum Schreiben 32

Die Zahlen
Die Zahlen von 1 bis 10 52
Die Zahlen von 11 bis 20 71
Spielerische Übungen rund um die Zahlen 81

Lösungen 96

Mit uns kommst du von A bis M

Und wo ist das R
von Rabe?

N
O
P
Q
R
S
T
U
V
W
X
Y
Z

ARNO AFFE

ARNO AFFE ANGELT ALTE ANKER

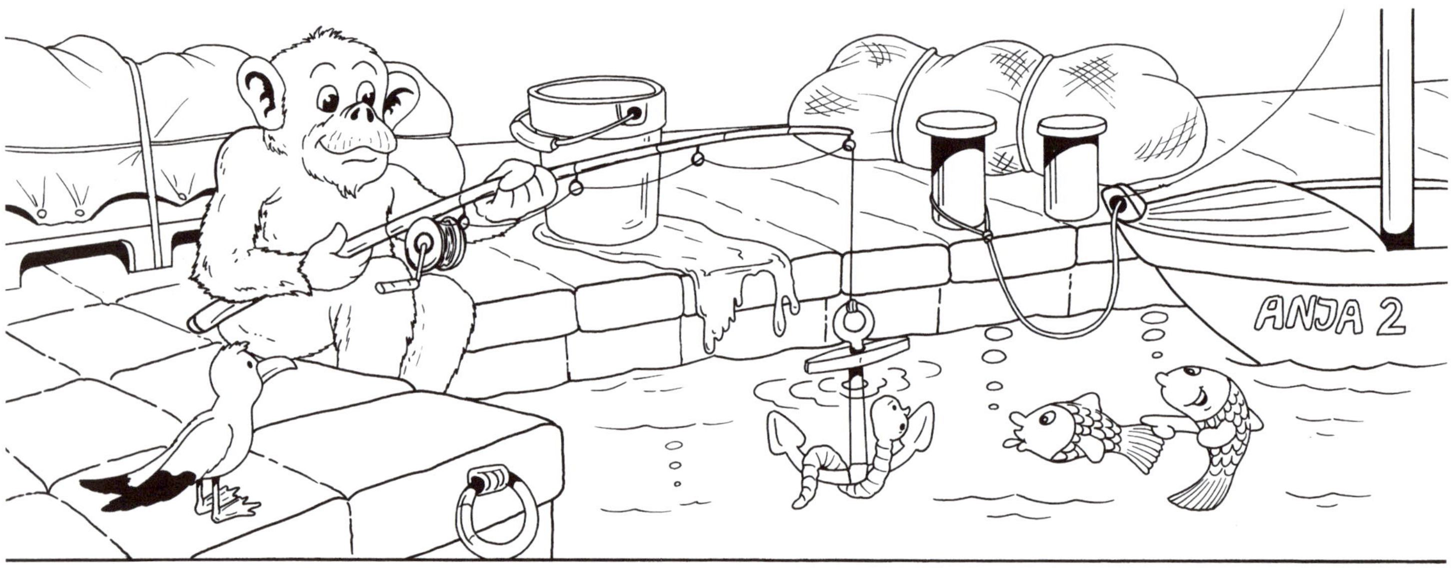

Male die Felder mit „A" rot,
alle anderen gelb aus.

Male die Sachen an, bei denen du „A" am Anfang hörst.

A B C D E F G H I J K L M N O P Q R S T U V W X Y Z

BASTI BÄR BACKT BRAUNE BRÖTCHEN

Male die Sachen an, bei denen du „B" am Anfang hörst.

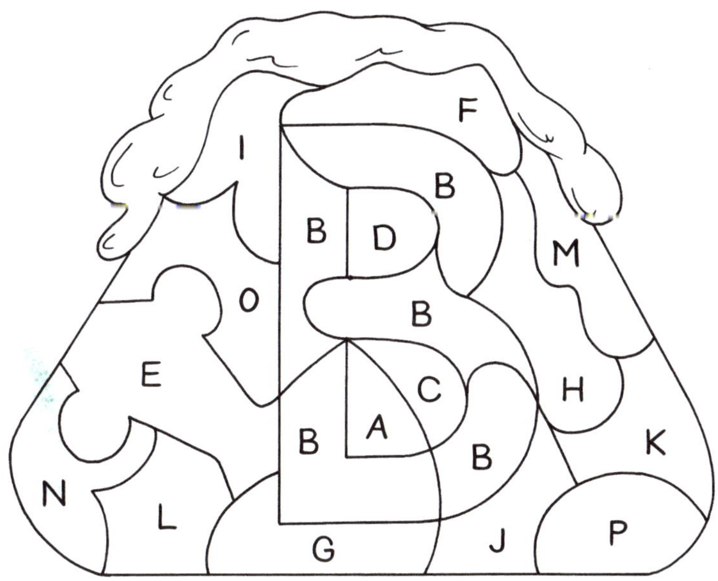

Male die Felder mit „B" braun, alle anderen gelb aus.

A	B	C	D	E	F	G	H	I	J	K	L	M	N	O	P	Q	R	S	T	U	V	W	X	Y	Z

CHRIS CHAMÄLEONS CAMPING-CLUB

Male die Felder mit „C" [gelb], mit „A" und „B" [rot], alle anderen [grün] aus.

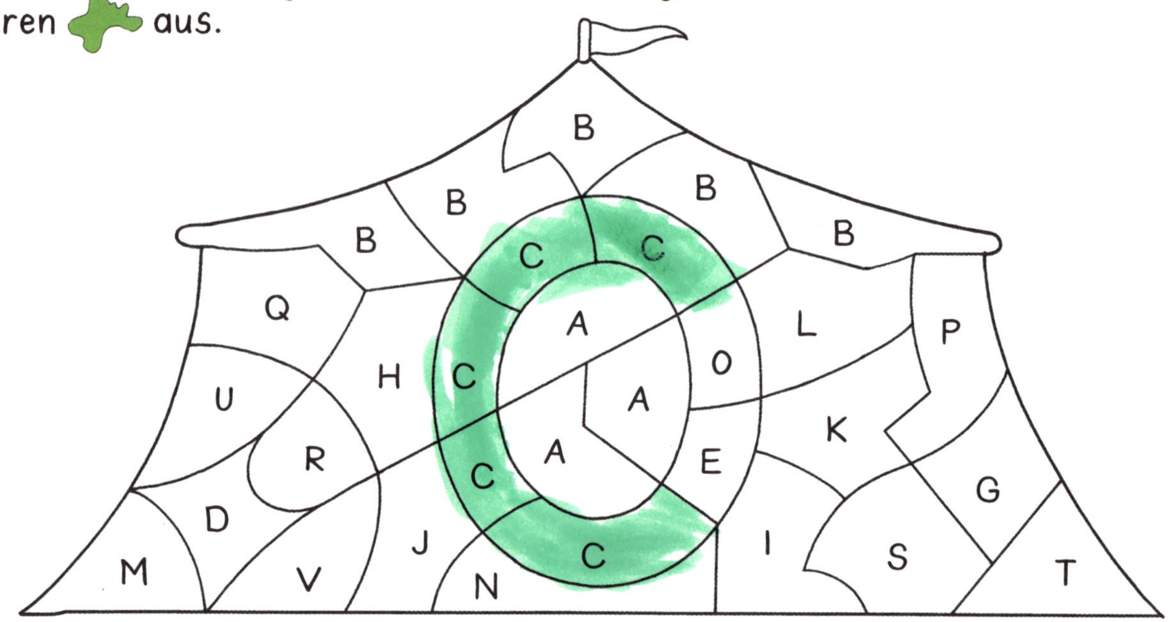

A	B	C	D	E	F	G	H	I	J	K	L	M	N	O	P	Q	R	S	T	U	V	W	X	Y	Z

DORA DACHS DARF DREIMAL DREHEN

Kreise alle Sachen ein, bei denen du „D“ am Anfang hörst.

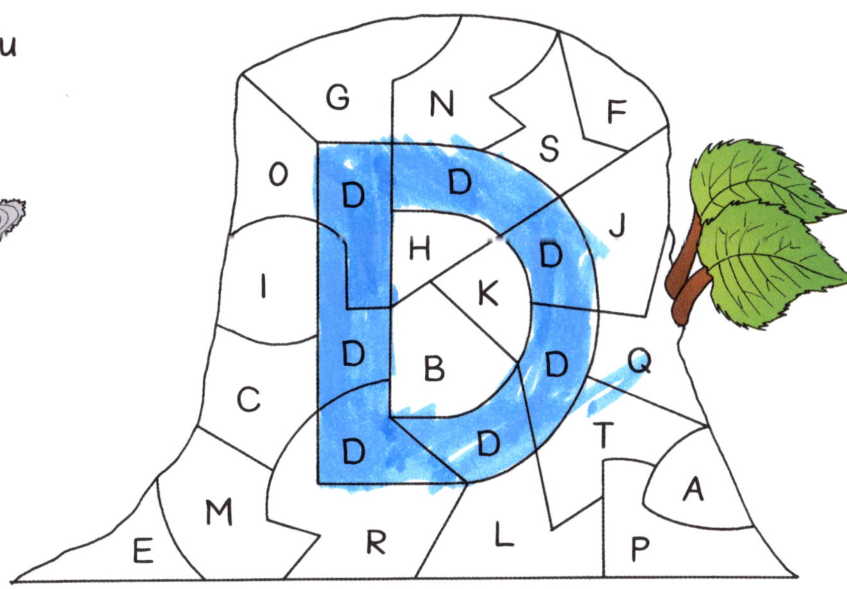

Male die Felder mit „D“ , alle anderen  aus.

A B C D E F G H I J K L M N O P Q R S T U V W X Y Z

EGON ESEL

EGON ESEL ERNTET ECHTE ERDBEEREN

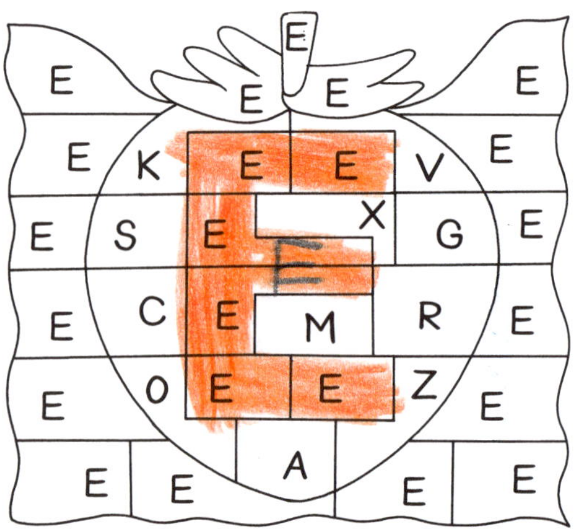

Male die Felder mit „E" grün,
alle anderen rot aus.

Male alle Sachen an, bei denen du
„E" am Anfang hörst.

A	B	C	D	E	F	G	H	I	J	K	L	M	N	O	P	Q	R	S	T	U	V	W	X	Y	Z

FELIX FROSCH FÄHRT FRÖHLICH FAHRRAD

Male alle Sachen an, bei denen du „F" am Anfang hörst.

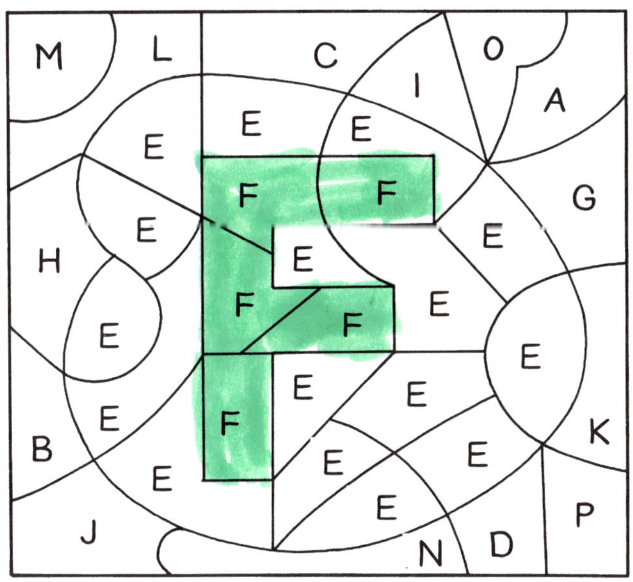

Male alle Felder mit „F" rot, mit „E" grün, alle anderen blau aus.

A B C D E F G H I J K L M N O P Q R S T U V W X Y Z

GERDA GANS GIBT GERNE GAS

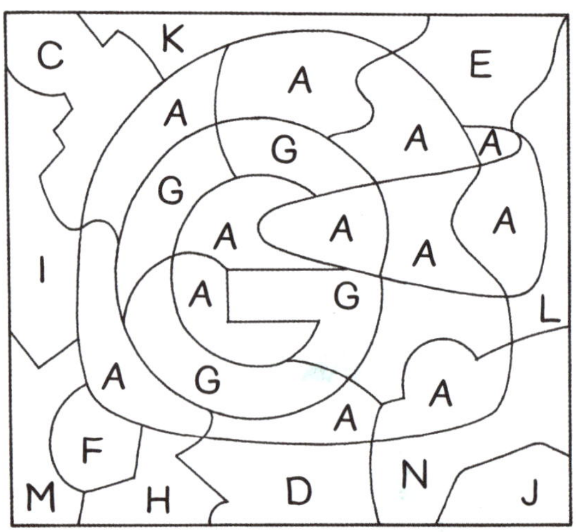

Male die Felder mit „G" gelb, mit „A" blau, alle anderen grau aus.

Kreise die Sachen ein, bei denen du „G" am Anfang hörst.

A	B	C	D	E	F	G	H	I	J	K	L	M	N	O	P	Q	R	S	T	U	V	W	X	Y	Z

HANS HASE HÜPFT HINTER HERRN HUGO HER

Kreise die Sachen ein, bei denen du „H" am Anfang hörst.

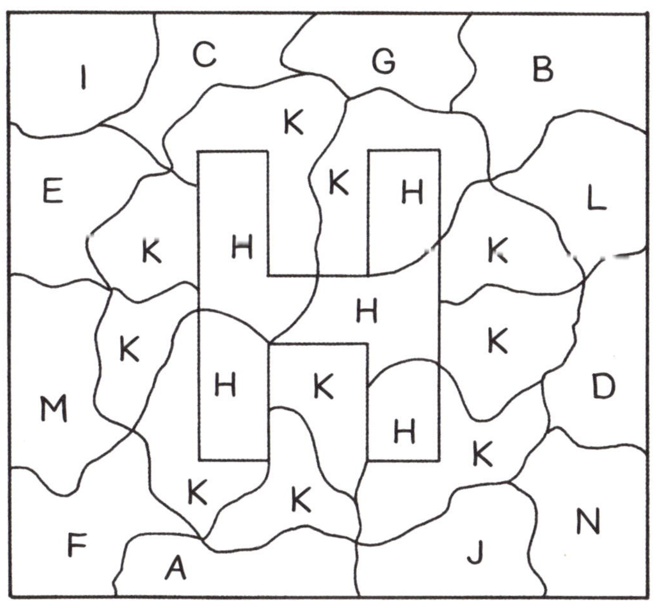

Male die Felder mit „H" , mit „K" , alle anderen aus.

A	B	C	D	E	F	G	H	I	J	K	L	M	N	O	P	Q	R	S	T	U	V	W	X	Y	Z

INA IGEL

INA IGEL ISST IMMER IN IHREM IGLU

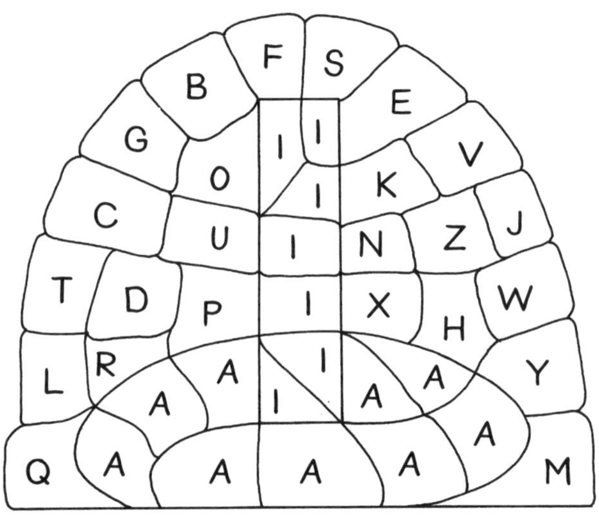

Male die Felder mit
„I" gelb, mit „A" braun,
alle anderen blau aus.

Male die Sachen an, bei denen du
„I" am Anfang hörst.

A	B	C	D	E	F	G	H	I	J	K	L	M	N	O	P	Q	R	S	T	U	V	W	X	Y	Z

JAN JAGUAR JAGT JEDEN JÄGER

Male die Sachen an, bei denen du „J" am Anfang hörst.

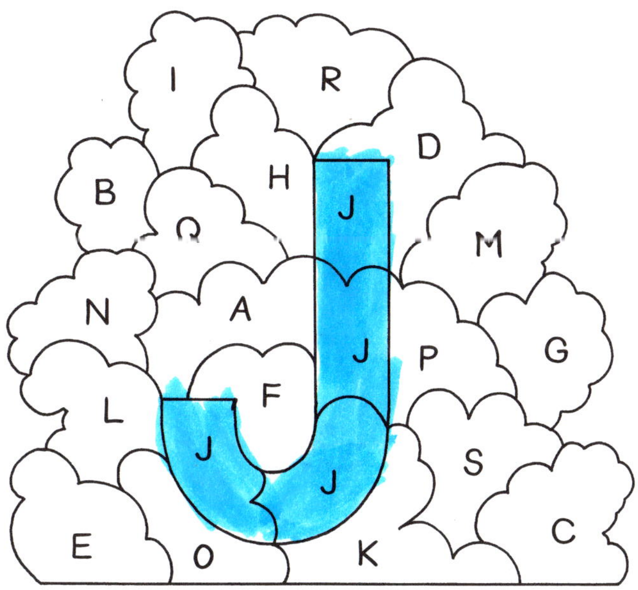

Male die Felder mit „J" rot, alle anderen grün aus.

A	B	C	D	E	F	G	H	I	J	K	L	M	N	O	P	Q	R	S	T	U	V	W	X	Y	Z

KLARA KUH

KLARA KUH KAUT KALTE KOKOSKEKSE

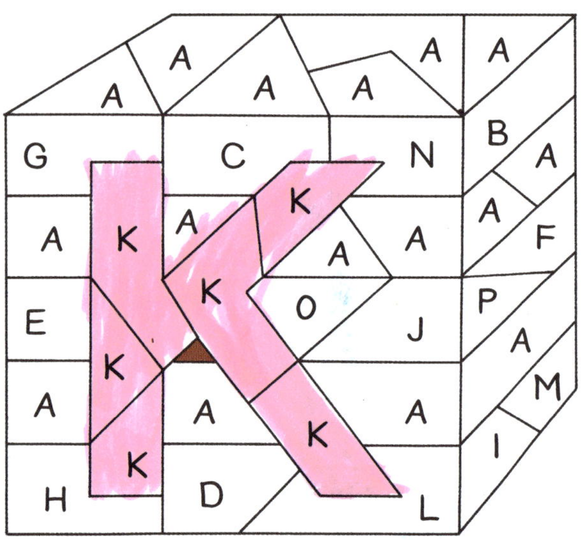

Male die Felder mit „K“ , mit „A“ , alle anderen aus.

Kreise die Sachen ein, bei denen du „K“ am Anfang hörst.

A B C D E F G H I J K L M N O P Q R S T U V W X Y Z

LEO LÖWE LUTSCHT LANGE LOLLIS

Kreise die Sachen ein, bei denen du „L" am Anfang hörst.

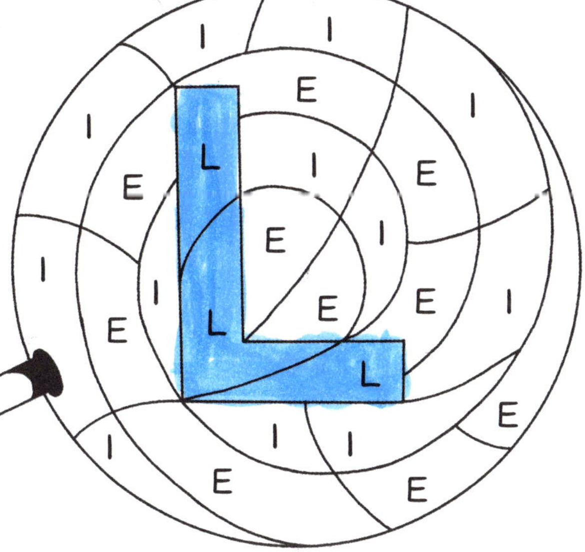

Male die Felder mit „L" , mit „E" , mit „I" aus.

A B C D E F G H I J K L M N O P Q R S T U V W X Y Z

MIA MAUS

MIA MAUS MAG MORGENS MILCH MIT MÖHREN

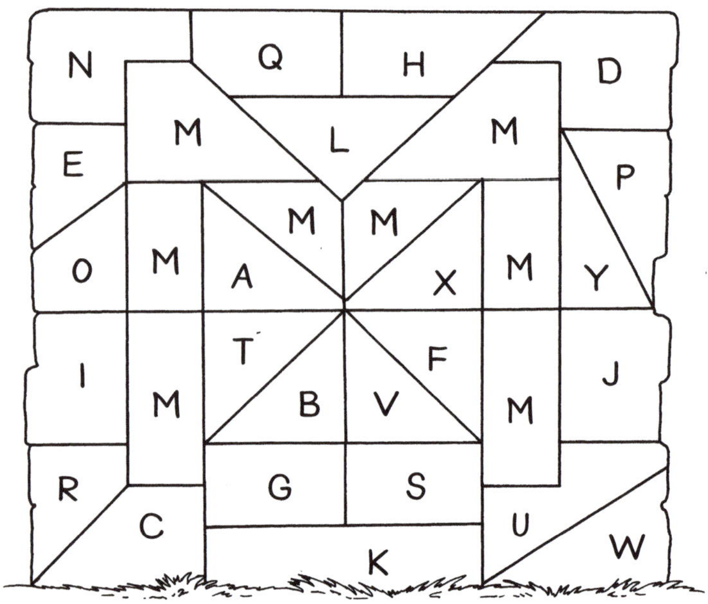

Male die Felder mit „M" lila, alle anderen braun aus.

Male die Sachen an, bei denen du „M" am Anfang hörst.

A B C D E F G H I J K L M N O P Q R S T U V W X Y Z

NIKO NILPFERD NÄHT NEUE NACHTHEMDEN

Male die Sachen an, bei denen du „N“ am Anfang hörst.

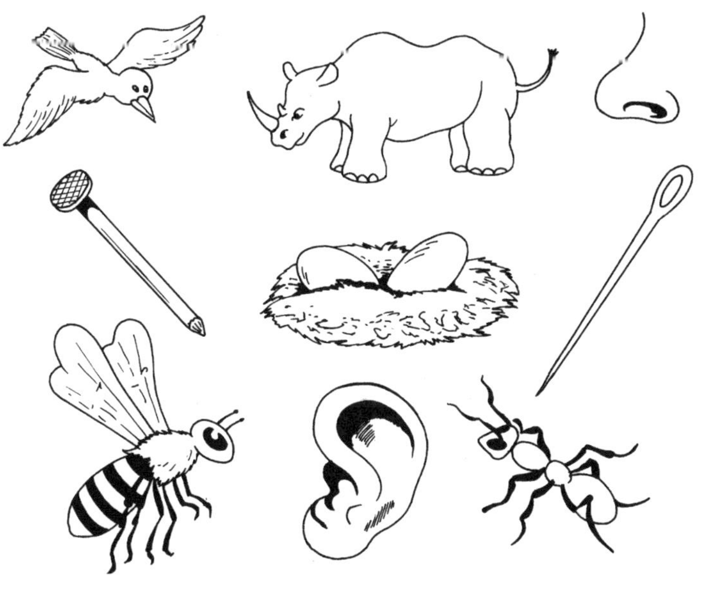

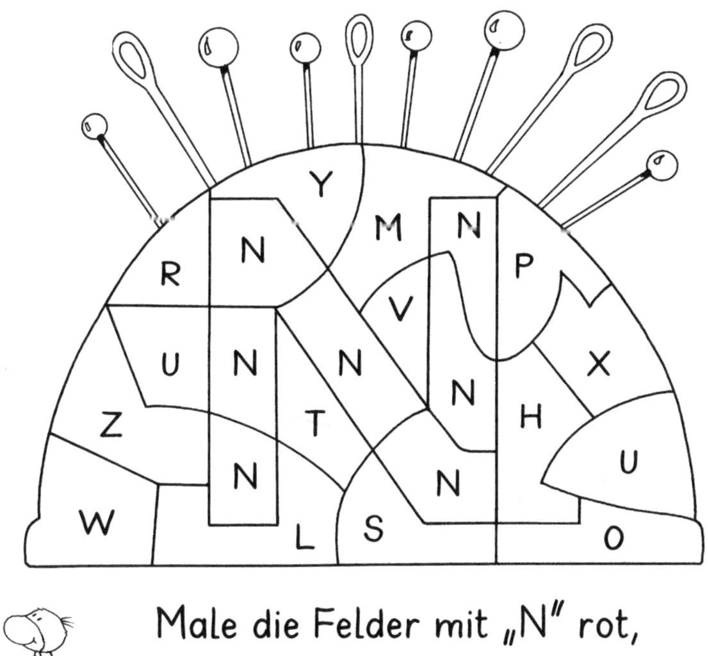

Male die Felder mit „N“ rot, alle anderen gelb aus.

A	B	C	D	E	F	G	H	I	J	K	L	M	N	O	P	Q	R	S	T	U	V	W	X	Y	Z

OSKAR OPOSSUM ORDNET OBST OHNE OPA

Kreise die Sachen ein, bei denen du „O" am Anfang hörst.

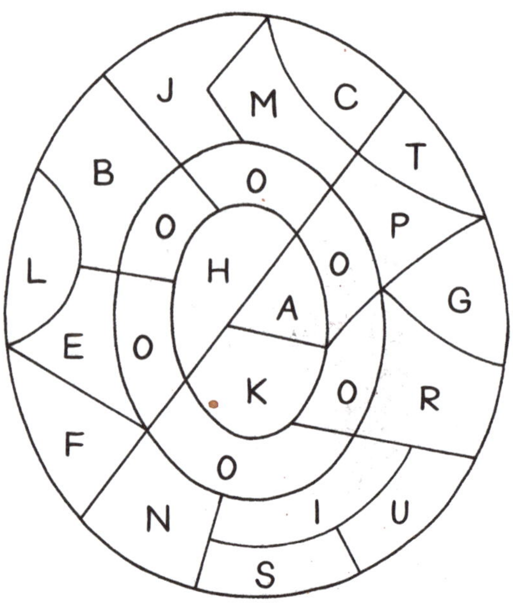

Male die Felder mit „O" blau, alle anderen rot aus.

A	B	C	D	E	F	G	H	I	J	K	L	M	N	O	P	Q	R	S	T	U	V	W	X	Y	Z

PAULA PANDA PARKT PETRAS PUPPENWAGEN

Kreise die Sachen ein, bei denen du „P" am Anfang hörst.

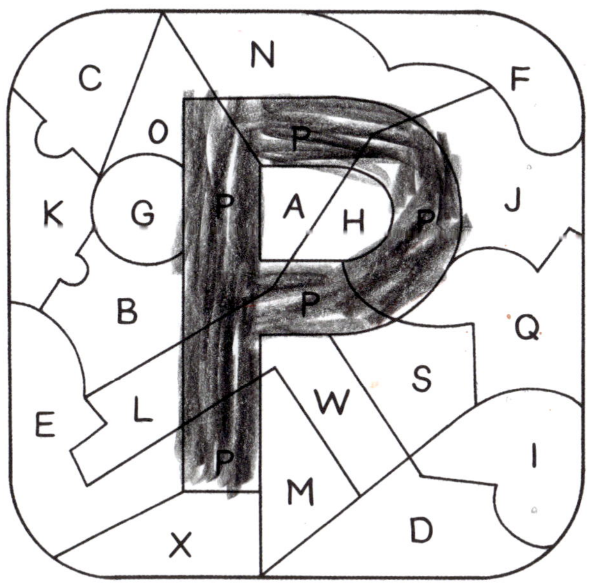

Lass die Felder mit „P" , male alle anderen aus.

A B C D E F G H I J K L M N O P Q R S T U V W X Y Z

QUIRIN QUALLE

QUIRIN QUALLE QUIETSCHT QUER

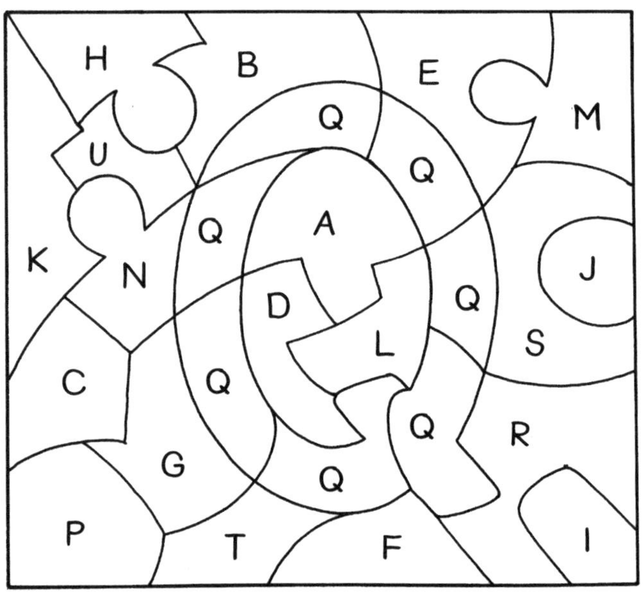

Male die Felder mit „Q" rot, alle anderen blau aus.

Male die Sachen an, bei denen du „Q" am Anfang hörst.

A	B	C	D	E	F	G	H	I	J	K	L	M	N	O	P	Q	R	S	T	U	V	W	X	Y	Z

RALF RABE REIBT ROTE RÜBEN

Male die Sachen an, bei denen du „R" am Anfang hörst.

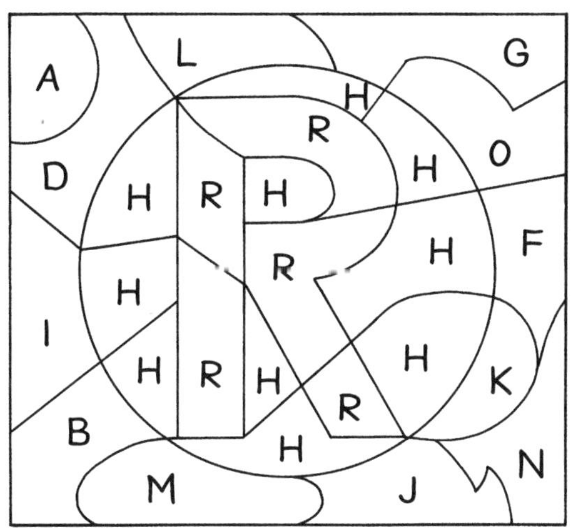

Male die Felder mit „R" gelb, mit „H" rot, alle anderen grün aus.

A B C D E F G H I J K L M N O P Q R S T U V W X Y Z

SONJA SEEHUND

SONJA SEEHUND SIEHT SIEBEN SEGELBOOTE

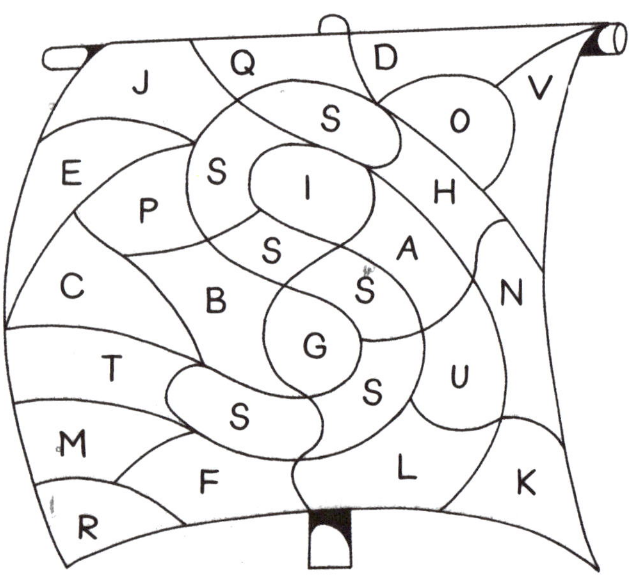

Male die Felder mit „S" , alle anderen aus.

Kreise die Sachen ein, bei denen du „S" am Anfang hörst.

A	B	C	D	E	F	G	H	I	J	K	L	M	N	O	P	Q	R	S	T	U	V	W	X	Y	Z

TONI TIGER TRÄGT TIEFE TELLER

Kreise die Sachen ein, bei denen du „T" am Anfang hörst.

Male die Felder mit „T" gelb, alle anderen rot aus.

A	B	C	D	E	F	G	H	I	J	K	L	M	N	O	P	Q	R	S	T	U	V	W	X	Y	Z

ULLA UHU

ULLA UHU UND UTE UNTER ULMEN

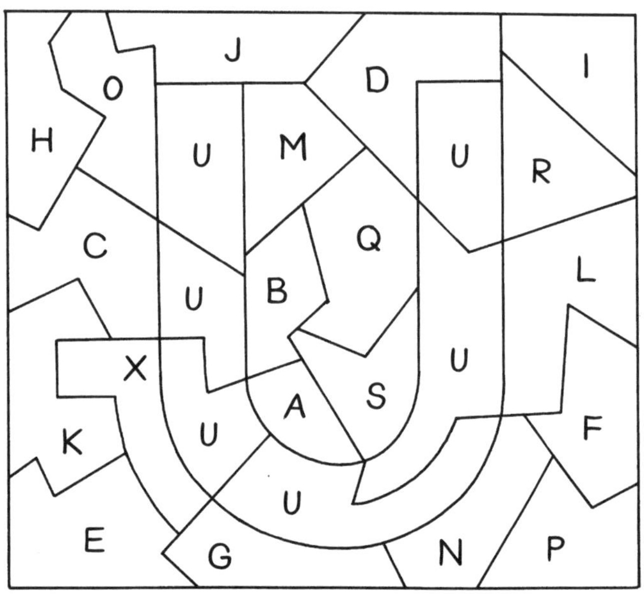

Lass die Felder mit „U" weiß,
male alle anderen blau aus.

Male die Sachen an, bei denen du „U" am Anfang hörst.

A B C D E F G H I J K L M N O P Q R S T U V W X Y Z

VIKTOR VAMPIR VERKAUFT VIELE VEILCHEN

Male die Felder mit „V" rot, alle anderen braun aus.

A	B	C	D	E	F	G	H	I	J	K	L	M	N	O	P	Q	R	S	T	U	V	W	X	Y	Z

WILLI WOLF WECKT WALDEMAR WIESEL

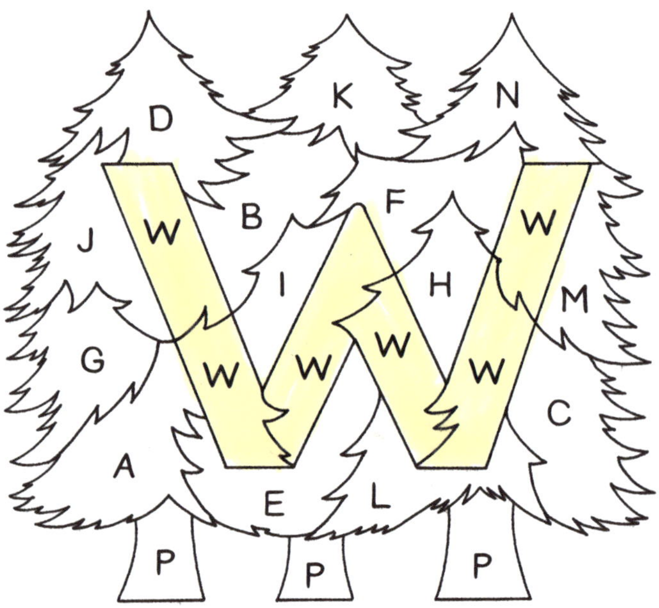

Male die Felder mit „W" , die mit „P" , alle anderen aus.

Kreise die Sachen ein, bei denen du „W" am Anfang hörst.

A	B	C	D	E	F	G	H	I	J	K	L	M	N	O	P	Q	R	S	T	U	V	W	X	Y	Z

XAVERS XYLOPHON

Male die Felder mit „X" , mit „R" , alle anderen aus.

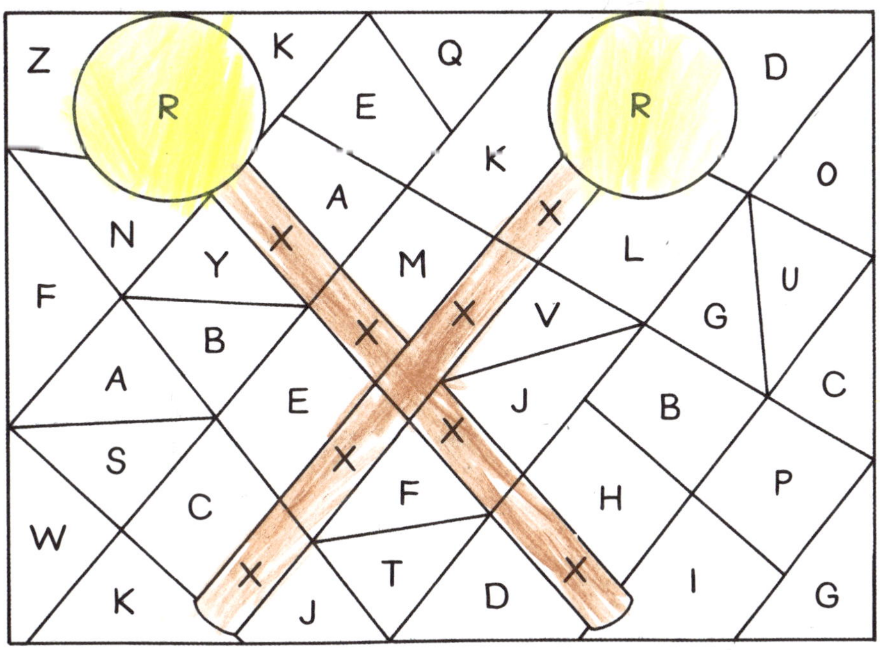

A	B	C	D	E	F	G	H	I	J	K	L	M	N	O	P	Q	R	S	T	U	V	W	X	Y	Z

YOGI YAKS YUCCA

Male die Felder mit „Y" orange, alle anderen blau aus.

A	B	C	D	E	F	G	H	I	J	K	L	M	N	O	P	Q	R	S	T	U	V	W	X	Y	Z

ZENZI ZIEGE ZIEHT ZEHN ZAHME ZICKLEIN

Male die Sachen an, bei denen du „Z" am Anfang hörst.

Male die Felder mit „Z" gelb, alle anderen braun aus.

A B C D E F G H I J K L M N O P Q R S T U V W X Y Z

Hörst du den Laut am Anfang?

Sag, was du auf jedem Bild siehst.
Verbinde den Laut am Anfang mit
dem richtigen Buchstaben.

Verbinde die Buchstaben des großen ABCs in der richtigen Reihenfolge. Dann weißt du, wo Rolf wohnt.

Ein großer Bauernhof

Wenn du beim Ausmalen der Flächen gut aufpasst, sieht der Bauernhof viel schöner aus. Verwende die unten angegebenen Farben.

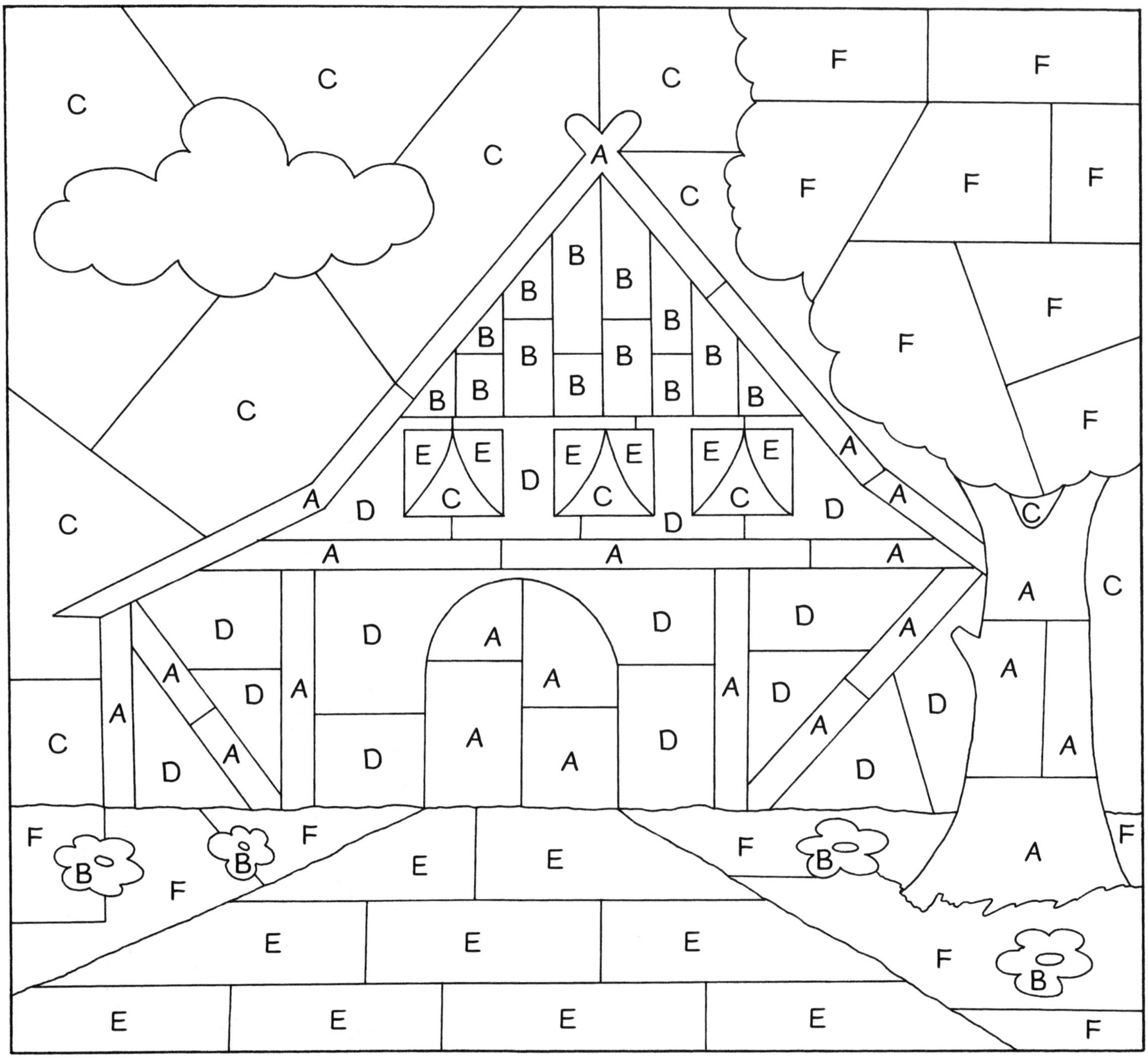

A = braun B = rot C = blau D = orange E = gelb F = grün

Oh Schreck, das Muster ist weg!

Das Muster ist verschwunden.
Zeichne es weiter und male es zum Schluss
bunt an.

Im Maisirrgarten

Findest du den Weg zum Picknick?
Fahre den richtigen Weg mit einem Stift ab
und komme nicht vom Weg ab.

Auf zur Fahrradtour

Schau genau, ob alle sicher ausgestattet sind.
Male die fehlenden Helme und zeichne
die Fahrradspeichen in die Räder.

Auf dem Campingplatz ist immer etwas los

Male mit Schwung die Zelte bunt.
Zeichne dabei jeden Bogen, ohne den Stift abzusetzen.

Schau dir die Taxi-Schilder genau an.
Wenn ein X fehlt, male es dazu.
Danach kannst du das ganze Bild noch ausmalen.

Auf der Autorennbahn

Sause mit einem Stift über die Autorennbahn. Folge immer der Pfeilrichtung. Du kannst auch verschiedene Farben nehmen.

Ein hungriger Maulwurf

Der Maulwurf möchte zu Mittag essen.
Suche den richtigen Weg durch die Gänge
zum Futter und male ihn an. Welchen Buchstaben
siehst du dann?

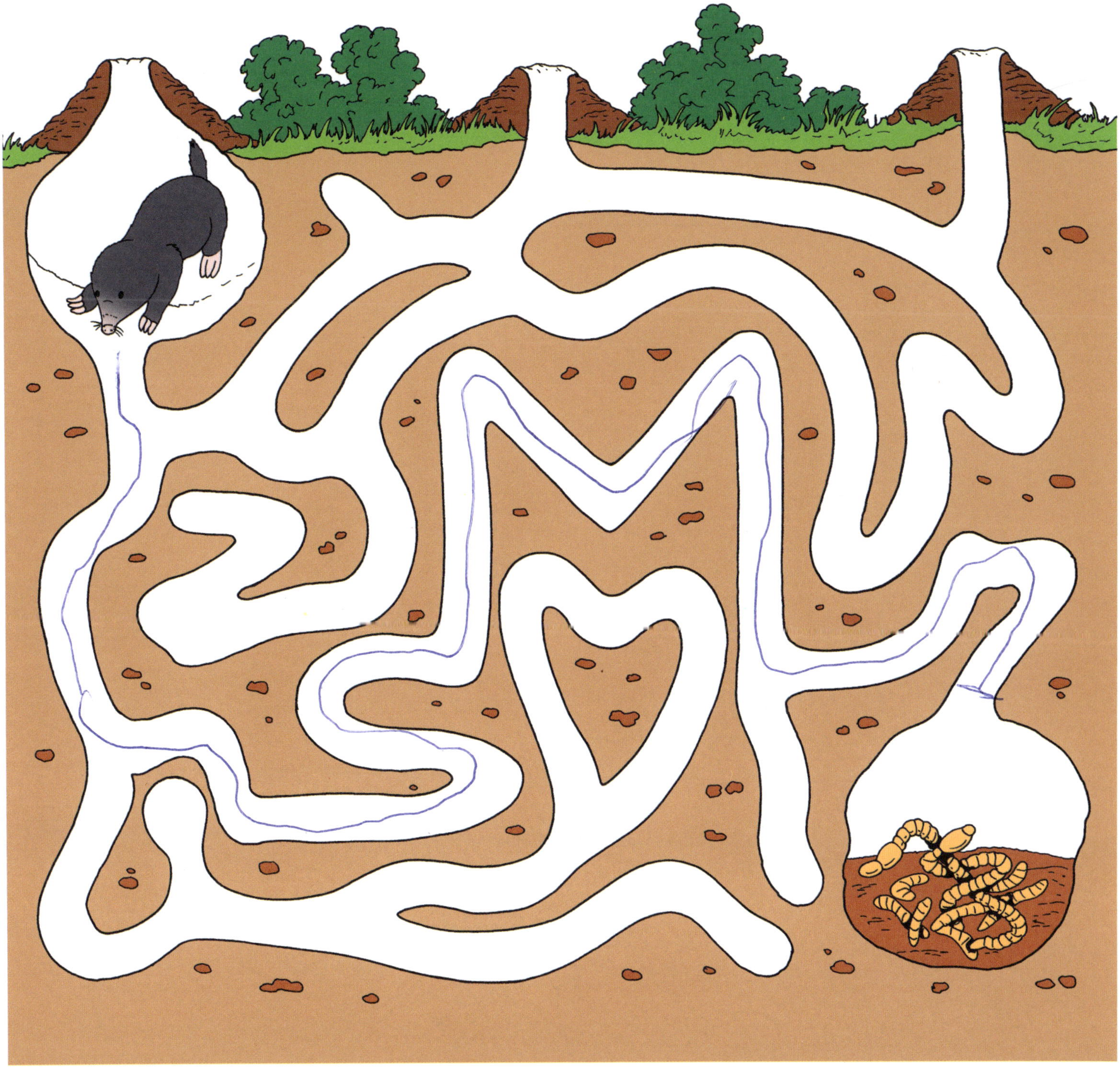

An der Tankstelle

Male alle Leitungen, durch die Benzin fließt, blau an. Gib acht, dass nichts daneben läuft. Alles andere darfst du bunt anmalen.

Entdeckst du mich?

Male die kleinen Felder in den unten angegebenen Farben an. Wen entdeckst du?

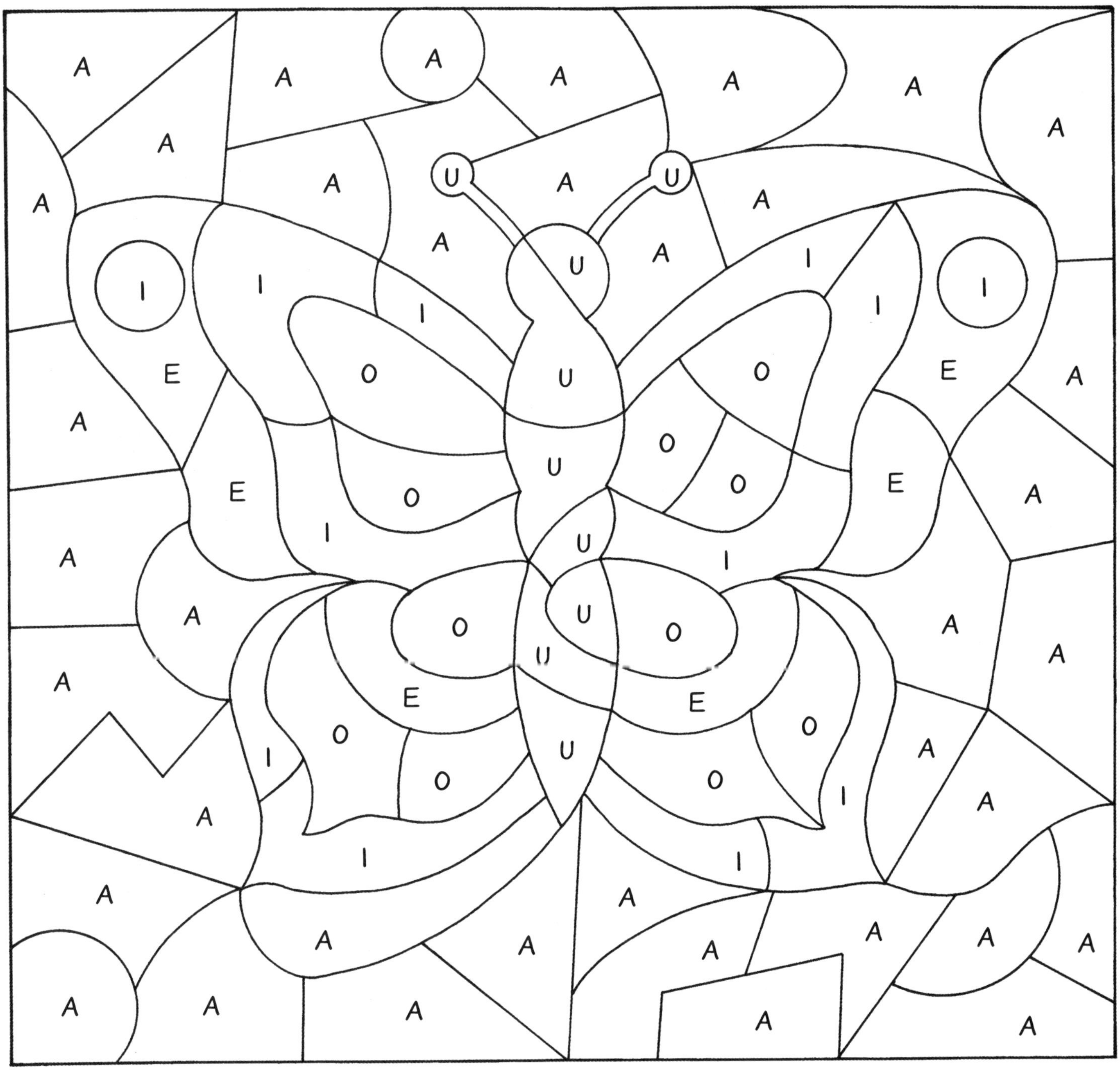

A = grün E = blau I = rot O = gelb U = braun

Wir gehen in den Zoo

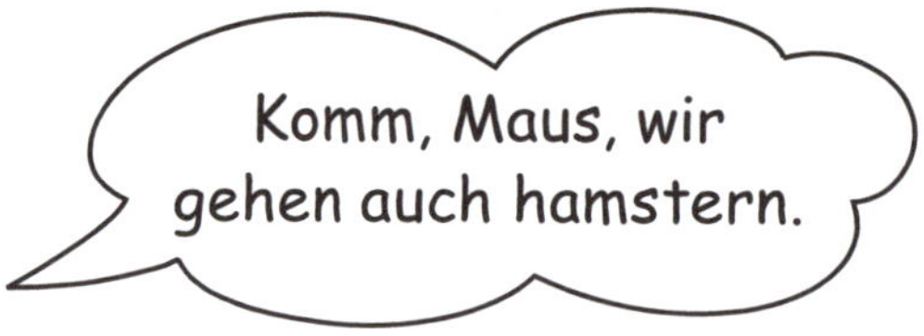

Hansi Hamster hat Buchstaben gehamstert.
Nimm sie ihm wieder weg und schreibe
die Buchstaben an die richtige Stelle.
Achtung, einen Buchstaben gibt es zweimal.

E	l	e	f	a	n	t

A	f	f	e

G	i	r	a	f	f	e

T	i	g	e	r

B	ä	r

K	a	m	e	l

P	i	n	g	u	i	n

K	r	o	k	o	d	i	l

Fahre die gestrichelten Linien
mit einem Stift nach.

Schön auf dem Weg bleiben!

Findest du den richtigen Weg mit dem Fahrrad? Fahre mit dem Stift an den Hindernissen vorbei, ohne an den Rand zu stoßen. Du darfst die Fahrt mit dem Stift auch öfter wiederholen.

Wir jagen die Mäuse

Wenn du die ···, die --- und die +++ miteinander verbindest, siehst du genau, wer hier die Mäuse jagen will.
Wenn du magst, kannst du für jede Linie eine andere Farbe nehmen.

Lauter große Buchstaben

Male die Felder mit den Großbuchstaben
A B C blau, D E F grün,
G H I braun und J K L grau an.

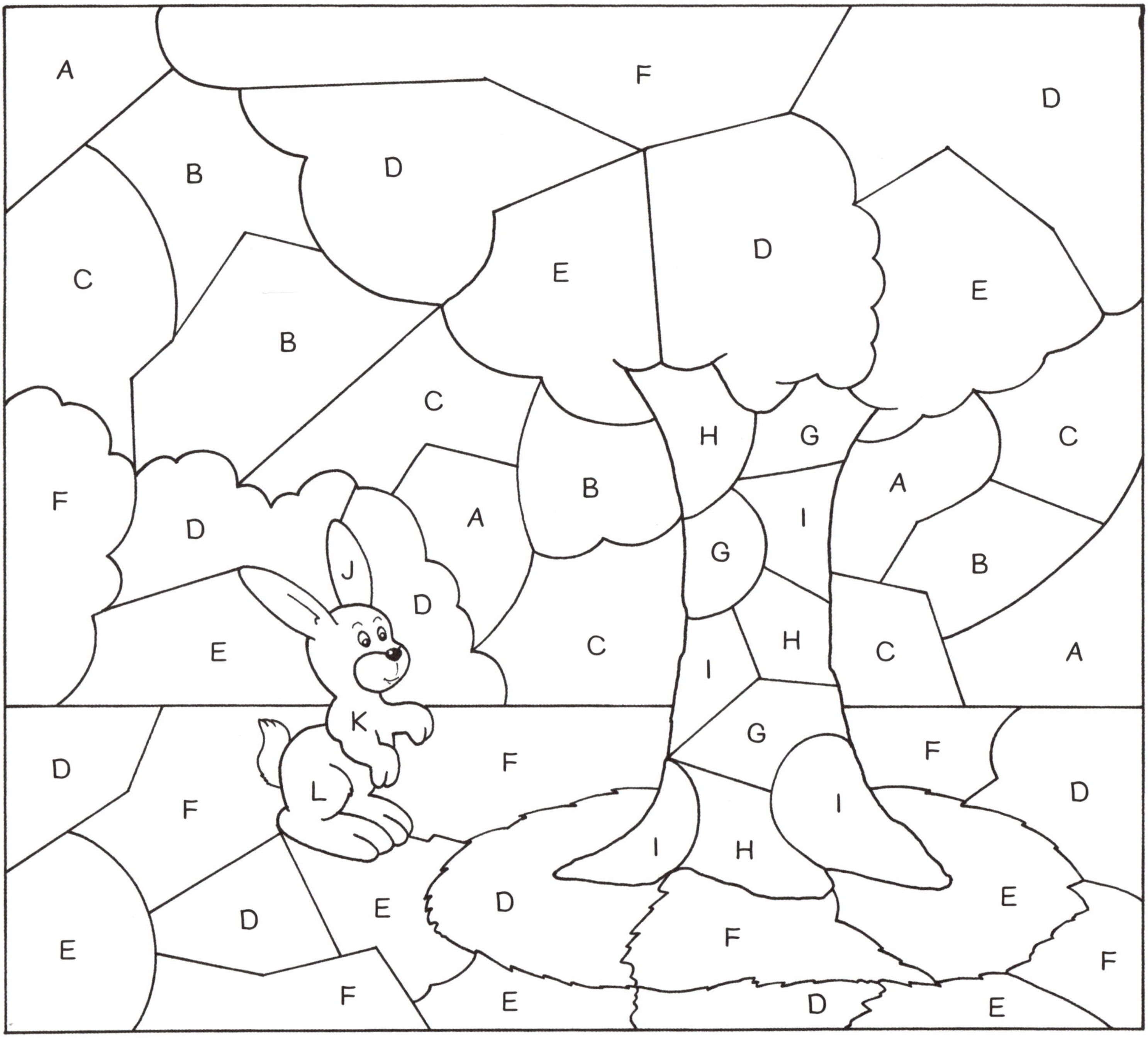

Die kleinen Flugzeuge und der Hubschrauber können nur fliegen, wenn du ihre Propeller nachmalst.

Wohin wollen die Tiere?

Zeigst du dem Vogel, wie er zu seinem Nest, der Raupe, wie sie zum Salat und der Schnecke, wie sie zu ihrem Haus kommt?
Nimm für jedes Tier eine andere Farbe.

Male die Felder in den angegebenen Farben aus.

M = rot N = gelb O = grün
P = blau Q = braun R = schwarz

Eins ist mehr als keins

Oma hat Wäsche aufgehängt.
Welche Teile sind nur einmal da?
Verbinde sie mit der großen 1.

Male alle Felder an,
die nur einen Punkt
haben.

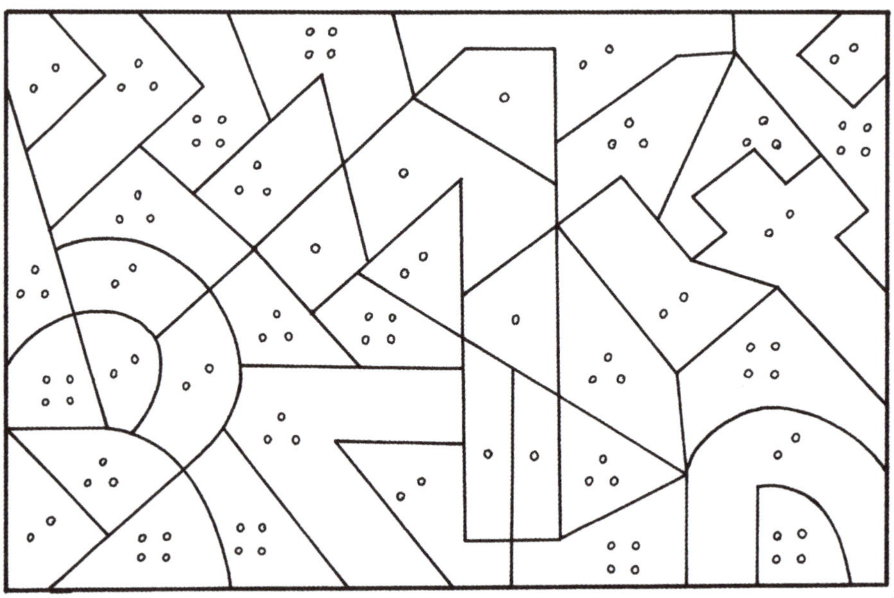

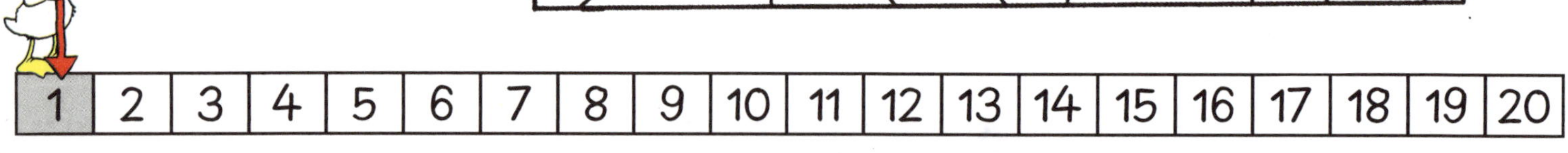

In dem Bild hat sich zehnmal eine 1 versteckt. Male sie nach.

Hier kannst du die 1 üben.

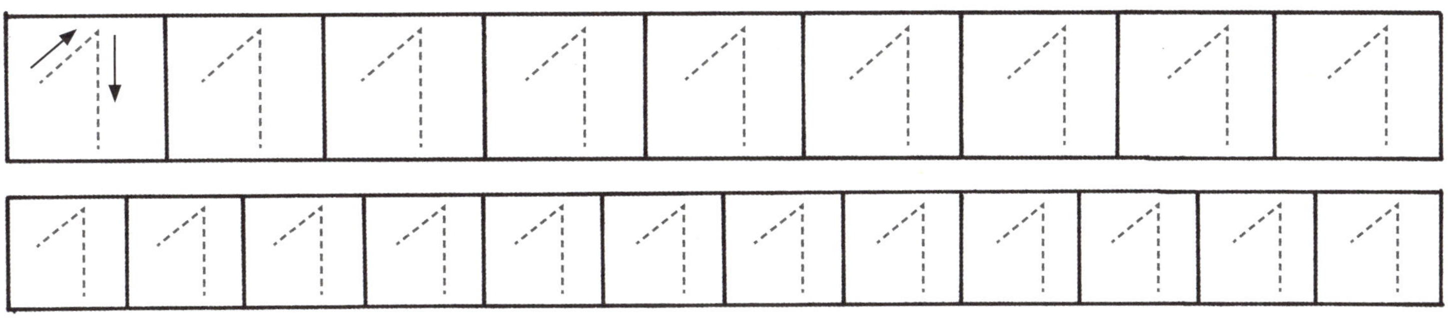

1	2	3	4	5	6	7	8	9	10	11	12	13	14	15	16	17	18	19	20

Mäusetanz

Kreise immer zwei Mäuse ein,
die miteinander tanzen, und male sie an.

Verbinde die Punkte so: 
Lass dabei keinen Punkt aus.

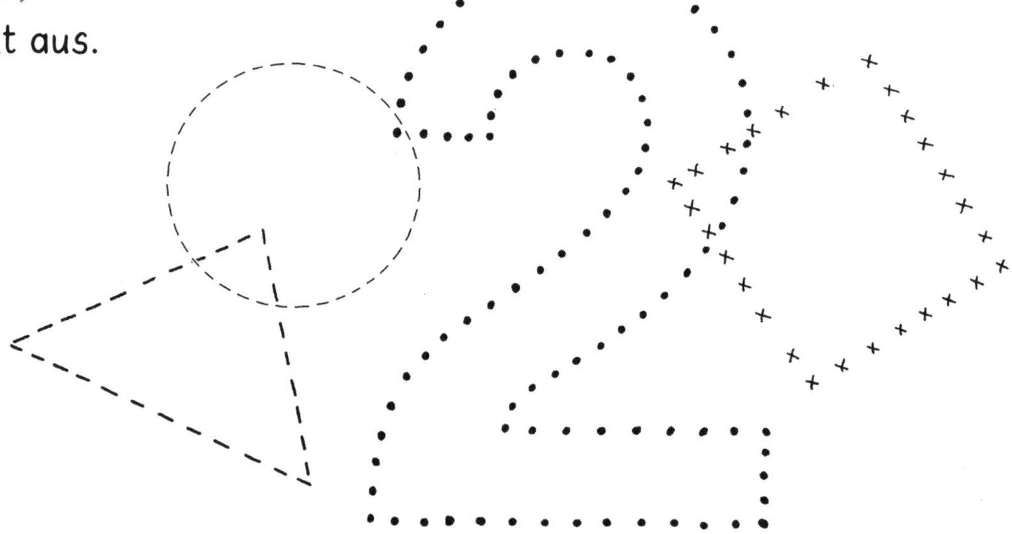

1	2	3	4	5	6	7	8	9	10	11	12	13	14	15	16	17	18	19	20

In dem Bild hat sich zehnmal eine 2 versteckt. Male sie nach. Aber aufgepasst: Die Zweien dürfen nicht verkehrtherum stehen.

Schreibe in jedes Kästchen eine 2.

2	2	2	2	2	2	2	2	2

2	2	2	2	2	2	2	2	2	2	2	2

1	2	3	4	5	6	7	8	9	10	11	12	13	14	15	16	17	18	19	20

Sei so frei, nimm dir drei!

Du darfst dir von jeder Sache drei aussuchen. Kreise sie ein.

Male alle Felder so aus:

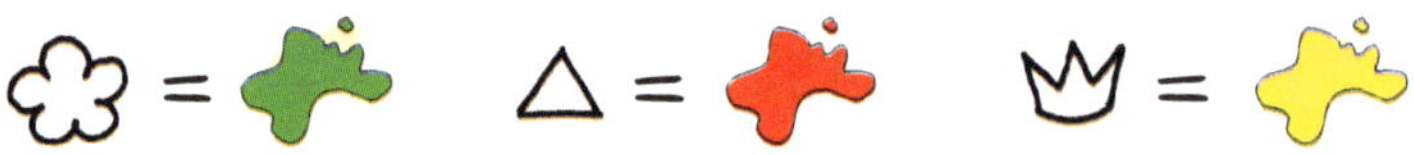

1	2	3	4	5	6	7	8	9	10	11	12	13	14	15	16	17	18	19	20

In dem Bild hat sich zehnmal eine 3 versteckt. Male sie nach.

Übe hier die 3.

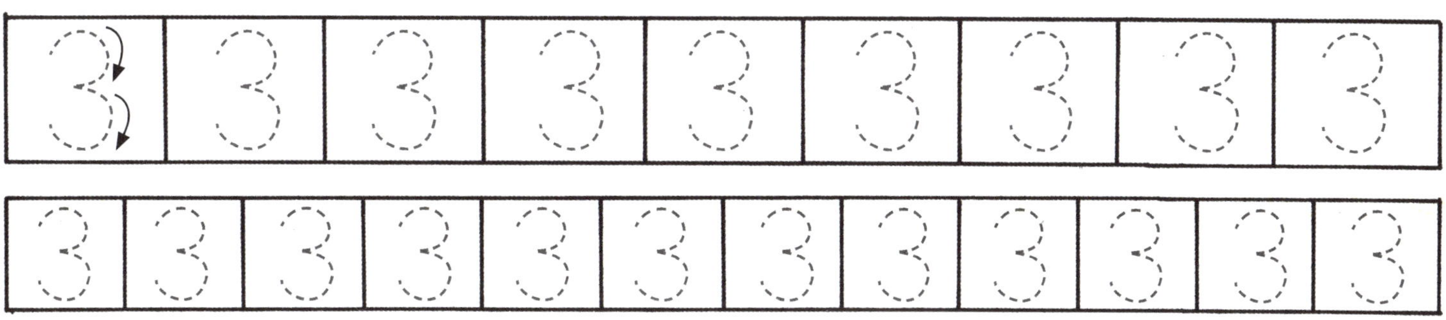

1	2	3	4	5	6	7	8	9	10	11	12	13	14	15	16	17	18	19	20

Hier immer nur vier

Die Gartentiere feiern ein Fest.
Von jeder Familie kommen immer vier
in das Wurzelhaus. Male sie an.

Male alle Marienkäfer rot
und die Blätter grün an.

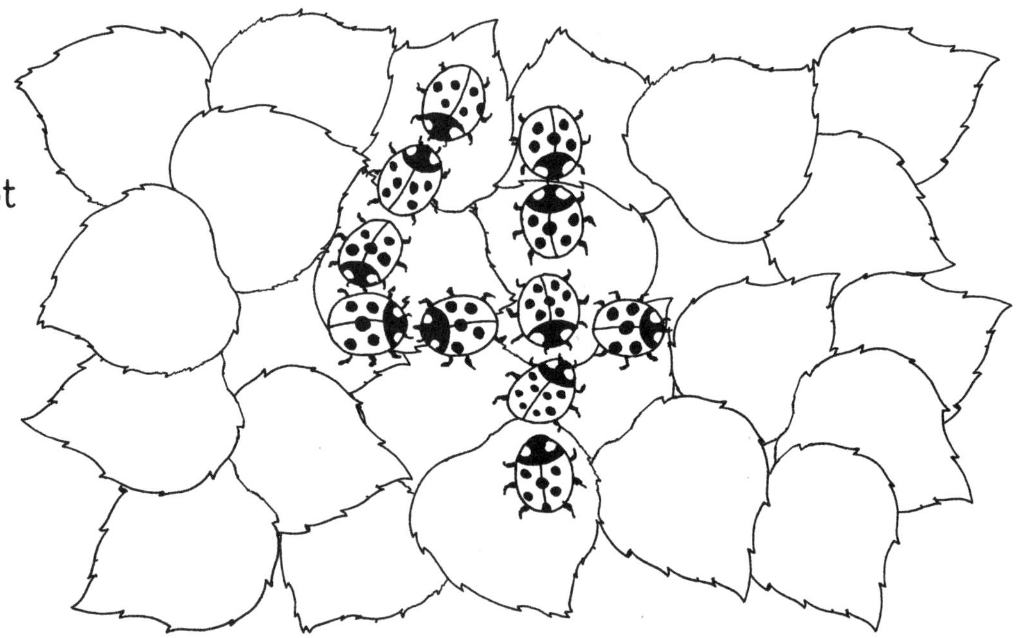

1	2	3	4	5	6	7	8	9	10	11	12	13	14	15	16	17	18	19	20

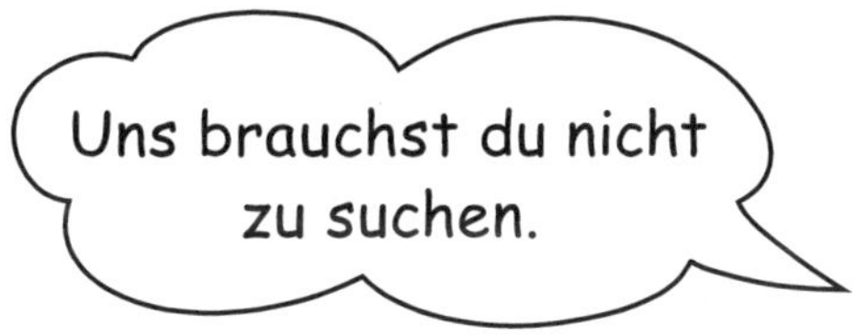

Im Wald hat sich zehnmal eine 4 versteckt. Male sie nach. Aber aufgepasst: Die Vieren dürfen nicht verkehrt herum stehen.

Hier kannst du die 4 üben.

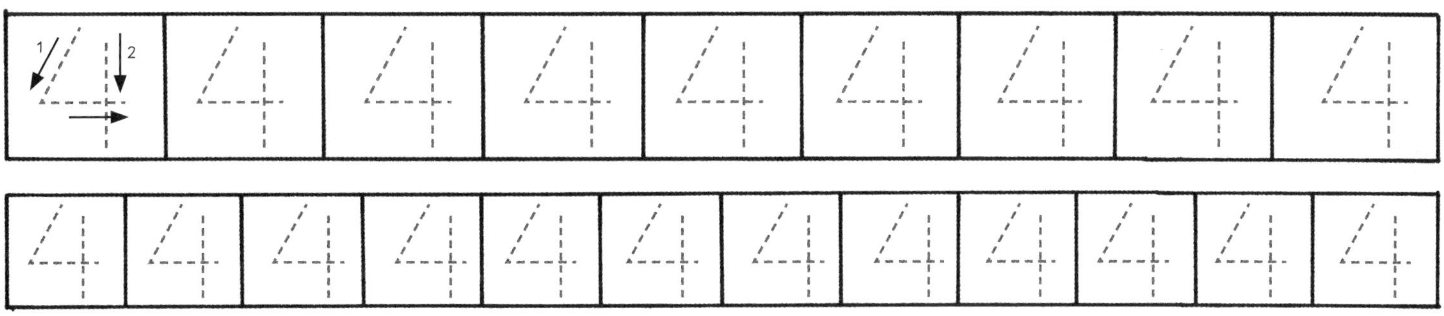

1	2	3	4	5	6	7	8	9	10	11	12	13	14	15	16	17	18	19	20

Fünf für die Finger an der Hand

Zu welcher Hand passen die Sachen?
Vebinde mit einem Strich.

Male die Felder so an:

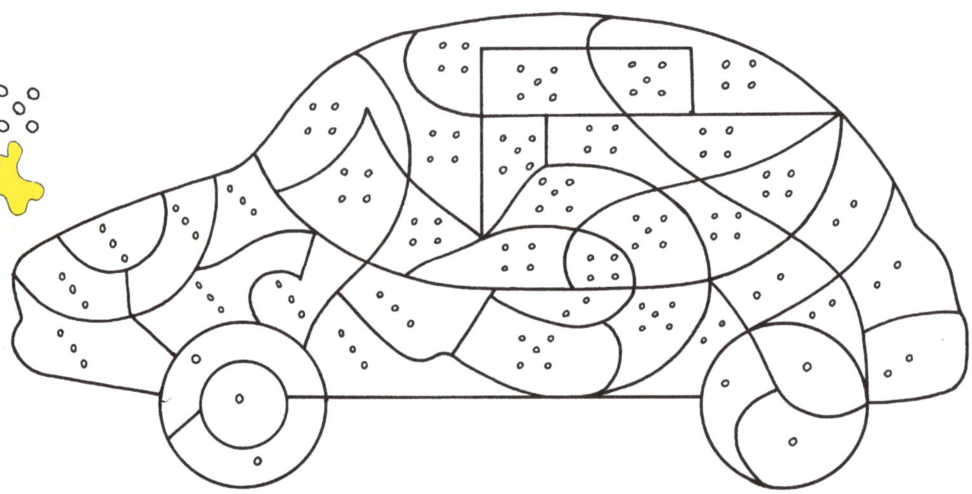

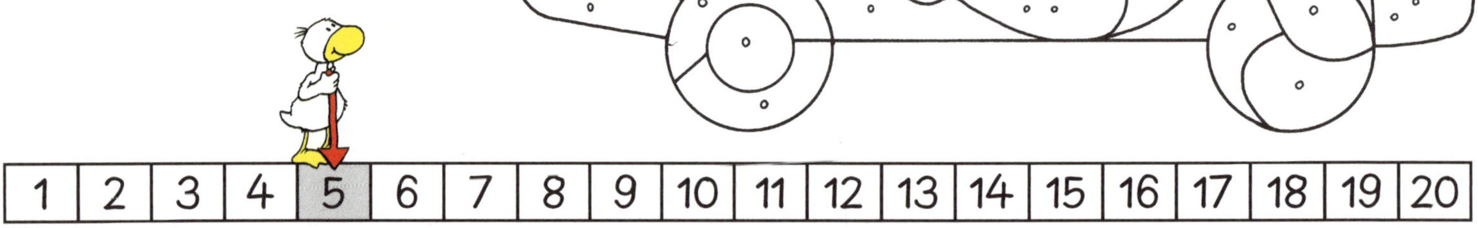

In der Stadt hat sich zehnmal eine 5 versteckt. Male sie nach. Aber aufgepasst: Die Fünfen dürfen nicht verkehrt herum stehen.

Hier kannst du die 5 schreiben.

1	2	3	4	5	6	7	8	9	10	11	12	13	14	15	16	17	18	19	20

Bei der Sechs freut sich die Hex'

Schau, welche Lebkuchen sechsmal
am Knusperhäuschen kleben.
Schreibe ein X in die passenden Kästchen.

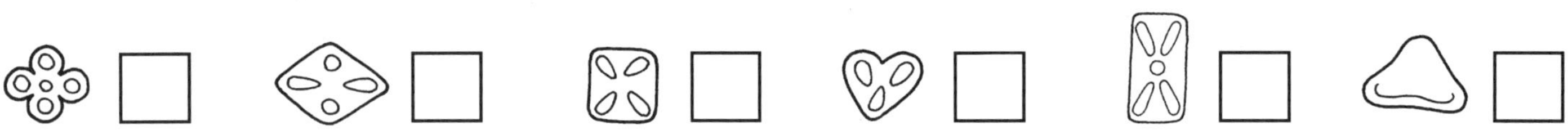

Male alle Felder mit
○ lila, alle mit ◇ gelb an.

Hilf der Hex', such die 6!

In der Lebkuchenbäckerei hat sich zehnmal eine 6 versteckt. Suche sie, schreibe sie nach und male das Bild an. Aber aufgepasst: Die Sechsen dürfen nicht verkehrt herum stehen.

Hier darfst du die 6 üben.

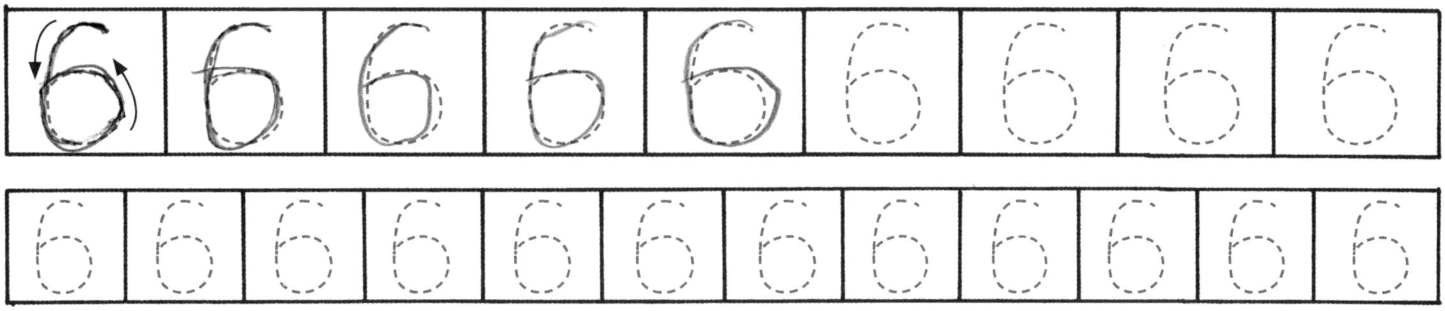

1	2	3	4	5	6	7	8	9	10	11	12	13	14	15	16	17	18	19	20

Bei den sieben Zwergen

Von jedem eins
ist meins!

Kreise von jedem Gegenstand immer sieben ein.
So bekommt jeder Zwerg von allem ein Teil.

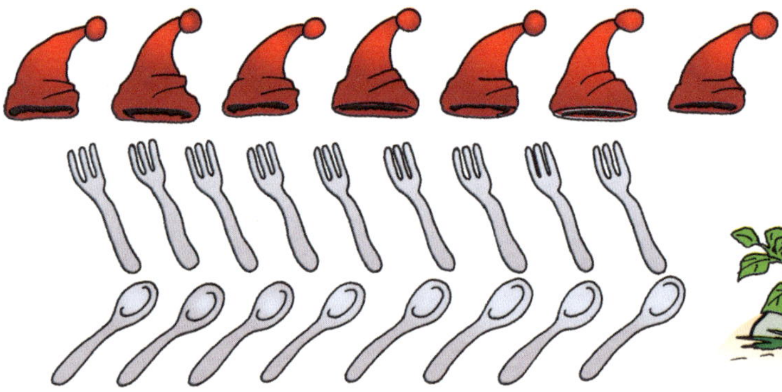

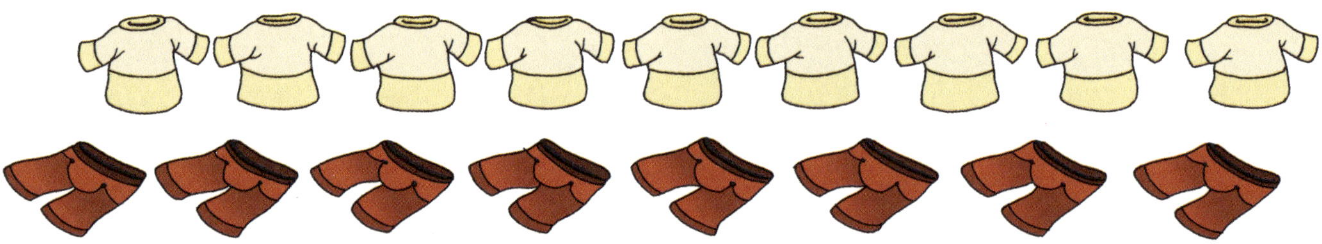

Male die Felder
mit △ und
die mit □ an.

1	2	3	4	5	6	7	8	9	10	11	12	13	14	15	16	17	18	19	20

Hier hat sich zehnmal eine 7 versteckt.
Suche sie und schreibe sie nach.

Hier kannst du die 7 üben.

1 2 3 7	7	7	7	7	7	7	7	7

7	7	7	7	7	7	7	7	7	7	7	7

1	2	3	4	5	6	7	8	9	10	11	12	13	14	15	16	17	18	19	20

Um acht wird Frühstück gemacht

Male von jeder Gebäcksorte im Bäckerladen immer acht an.

Male die Felder mit ○ blau, die mit △ gelb an.

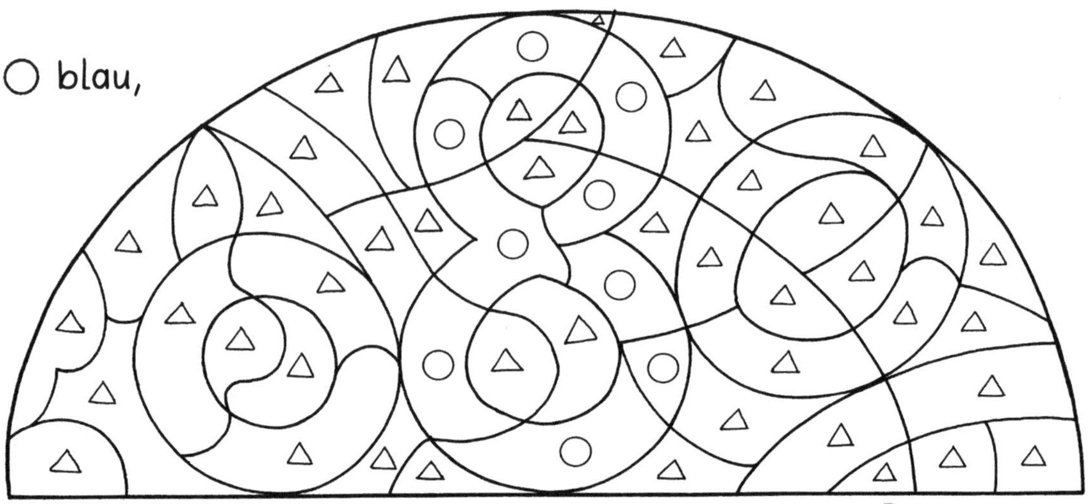

1	2	3	4	5	6	7	8	9	10	11	12	13	14	15	16	17	18	19	20

Das wär doch gelacht, du findest die 8!

Suche zehnmal die 8, schreibe sie nach und male das Bild an.

Schreibe hier die 8!

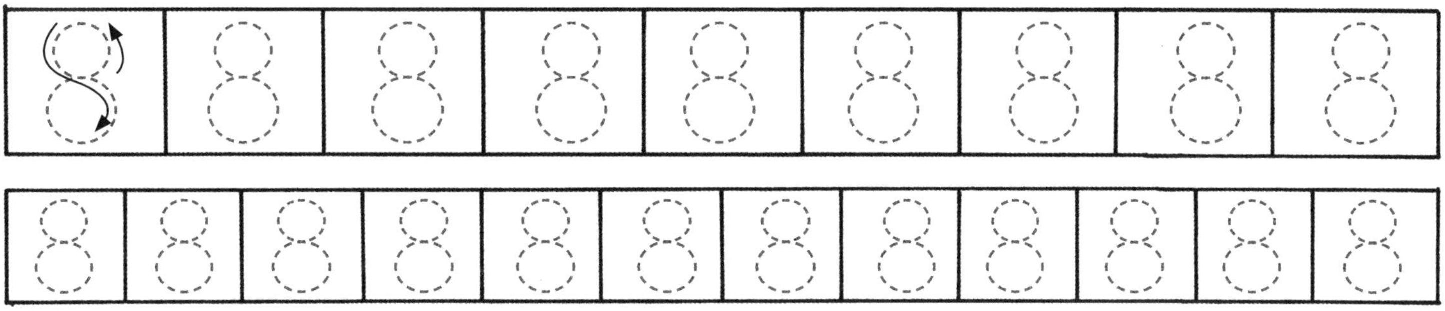

1	2	3	4	5	6	7	8	9	10	11	12	13	14	15	16	17	18	19	20

Du darfst dich freu'n auf die Neun!

Möchtest du bei der Obsternte helfen?
Streiche an jedem Baum neun Früchte durch
und male sie in den Korb, der darunter steht.

Male die Felder mit (Pflaume) blau, die mit (Birne) gelb und die mit (Apfel) rot an.

1	2	3	4	5	6	7	8	9	10	11	12	13	14	15	16	17	18	19	20

Hier hat sich zehnmal eine 9 versteckt.
Schreibe sie nach.

Übe die 9!

1	2	3	4	5	6	7	8	9	10	11	12	13	14	15	16	17	18	19	20

Schon sind wir bei 10

Die Kinder toben auf dem Spielplatz.
Male zehn Mädchen ein blaues T-Shirt, zehn Jungen ein rotes. Du darfst danach auch das ganze Bild anmalen.

Male die Felder mit der ☼ gelb, die mit einem 🍃 grün aus.

1	2	3	4	5	6	7	8	9	10	11	12	13	14	15	16	17	18	19	20

Was frisst die kleine Raupe?

Verbinde die Punkte von 1 bis 11,
dann entdeckst du das Raupenfutter.

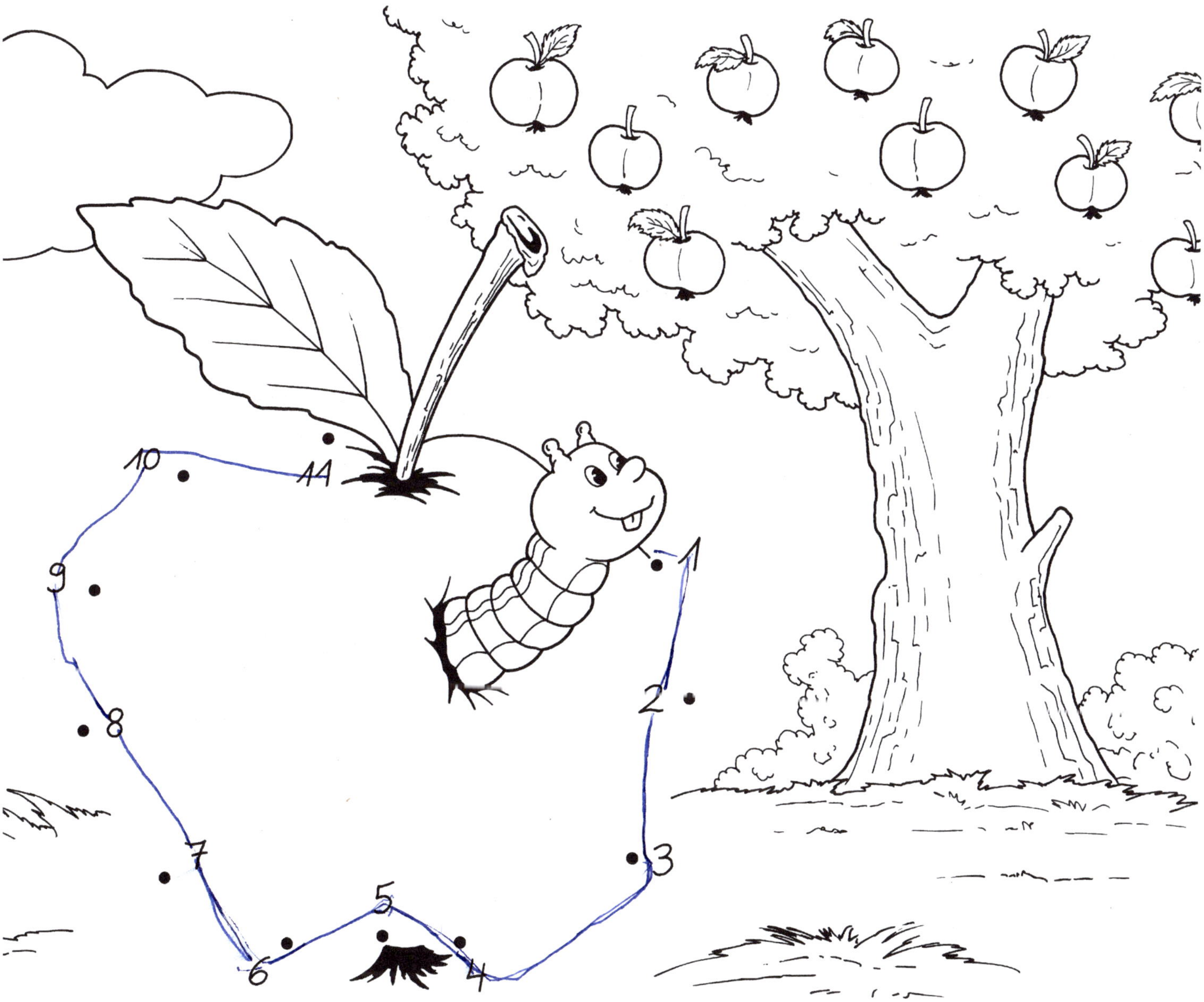

1	2	3	4	5	6	7	8	9	10	11	12	13	14	15	16	17	18	19	20

Find es heraus: Was frisst die Maus?

Verbinde die Punkte von 1 bis 12.
Dann siehst du, woran die Maus knabbert.

Verbinde die Punkte von 1 bis 13.
So entdeckst du die Leibspeise des Bären.

Dafür kommt die Schnecke um die Ecke

Wenn du die Punkte von 1 bis 14 verbindest, siehst du, was die Schnecke gern mag.

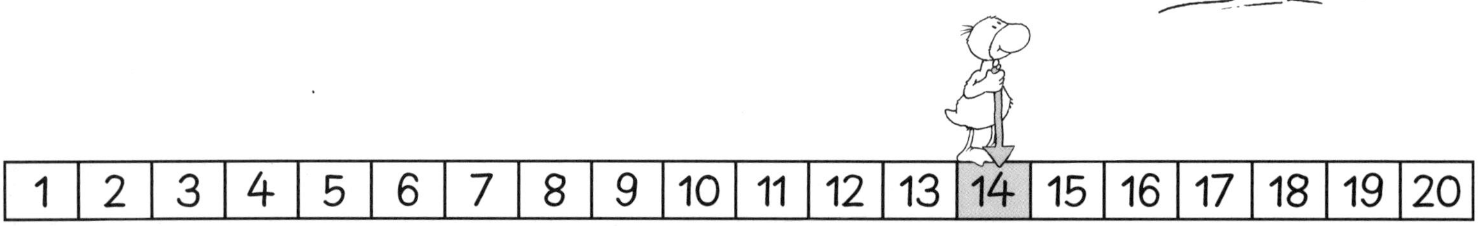

Verbinde die Punkte von 1 bis 15.
Dort sammeln die Bienen ihre Nahrung.

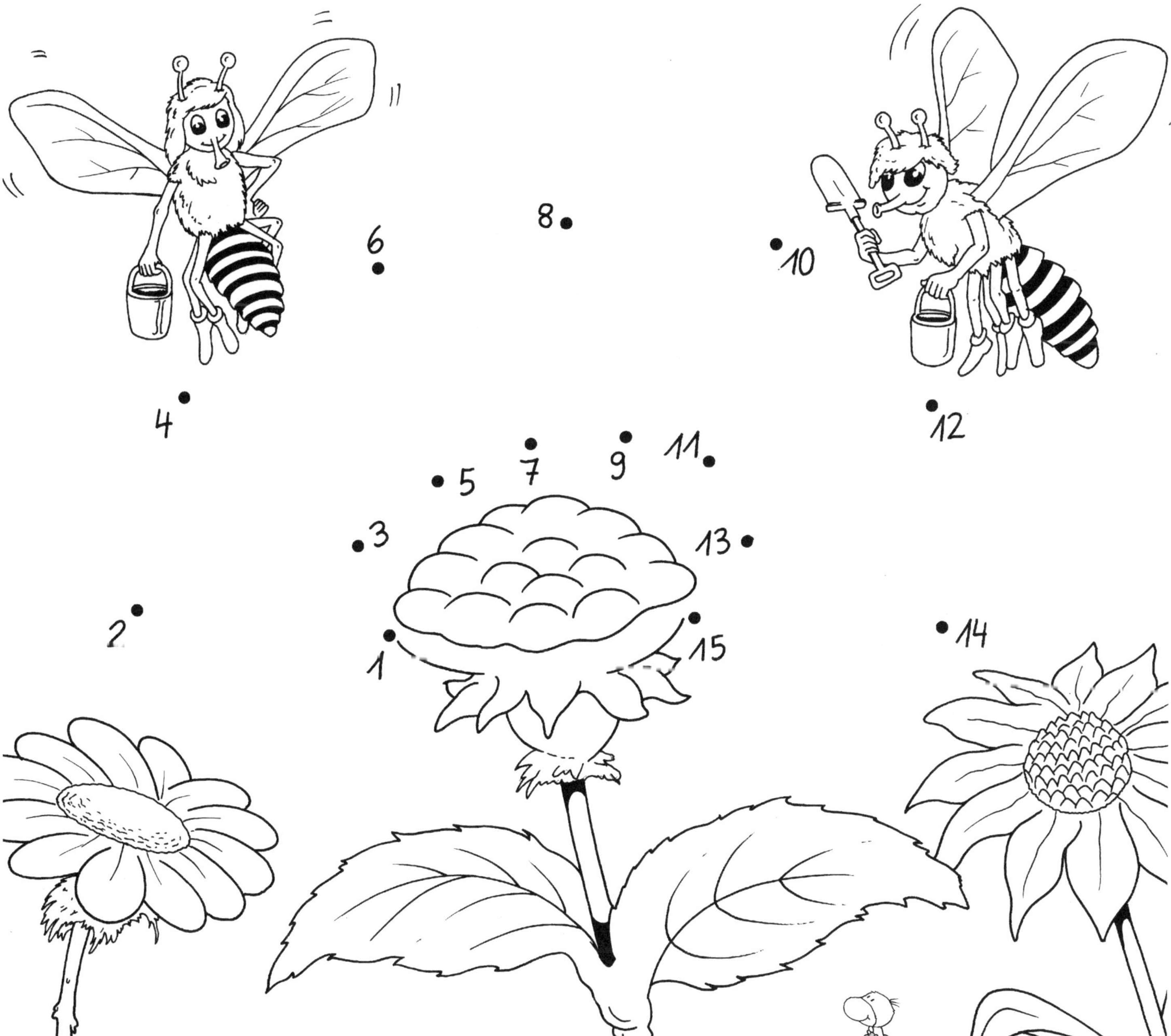

1	2	3	4	5	6	7	8	9	10	11	12	13	14	15	16	17	18	19	20

Wofür hat der Hase eine gute Nase?

Wenn du die Punkte von 1 bis 16 verbindest, siehst du, was der Hase am liebsten mag.

Verbinde die Punkte von 1 bis 17.
Dann weißt du, wer hier
die Blätter frisst.

Hungriger Fuchs

Der Fuchs sucht seine Lieblingsspeise.
Wenn du die Punkte von 1 bis 18 verbindest,
erkennst du sie.

Bellos Beute

Verbinde die Punkte von 1 bis 19.
Was hat Bello gestohlen?

1	2	3	4	5	6	7	8	9	10	11	12	13	14	15	16	17	18	19	20

Das mögen alle Kinder

Ich hab dich ganz lieb. Besonders, wenn du mit mir teilst!

Verbinde die Zahlen von 1 bis 20.
Magst du das auch?

1	2	3	4	5	6	7	8	9	10	11	12	13	14	15	16	17	18	19	20

Gehe mit einem Stift von 1 bis 10.
Dann siehst du auf dem Zooplan noch einmal,
wo die Kindergartenkinder überall waren.

Zähl mal nach!

Zähle die Tiere und schreibe
die richtige Zahl in die Kästchen.

Findest du die Zahlen, die sich hier versteckt haben? Male die Felder mit den vorgegebenen Farben aus.

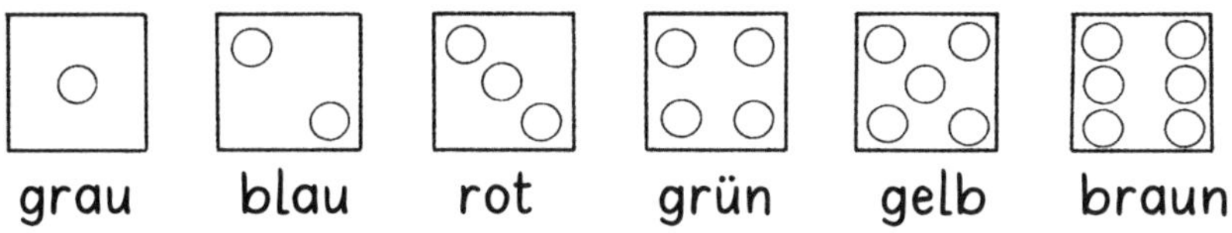

Auf dem Spielplatz

Wie oft findest du diese Dinge im Bild?
Trage die Zahlen in die Tabelle ein.

Hüpfe mit einem Bleistift die Kängurusprünge nach und zähle dabei, wie viele Sprünge jedes Tier gemacht hat. Trage die richtige Zahl in die Kästchen ein

Alles Schafe?

Findest du in der Schafherde
1 Igel, 2 Hasen, 3 Katzen und 4 Ziegen?
Kreise sie ein und wenn du magst,
kannst du das Bild noch anmalen.

Zwei oder drei Eier?

In den Nestern der Pelikane liegen unterschiedlich viele Eier. Zähle die Eier in jedem Nest und trage die richtige Zahl in das Kästchen ein.

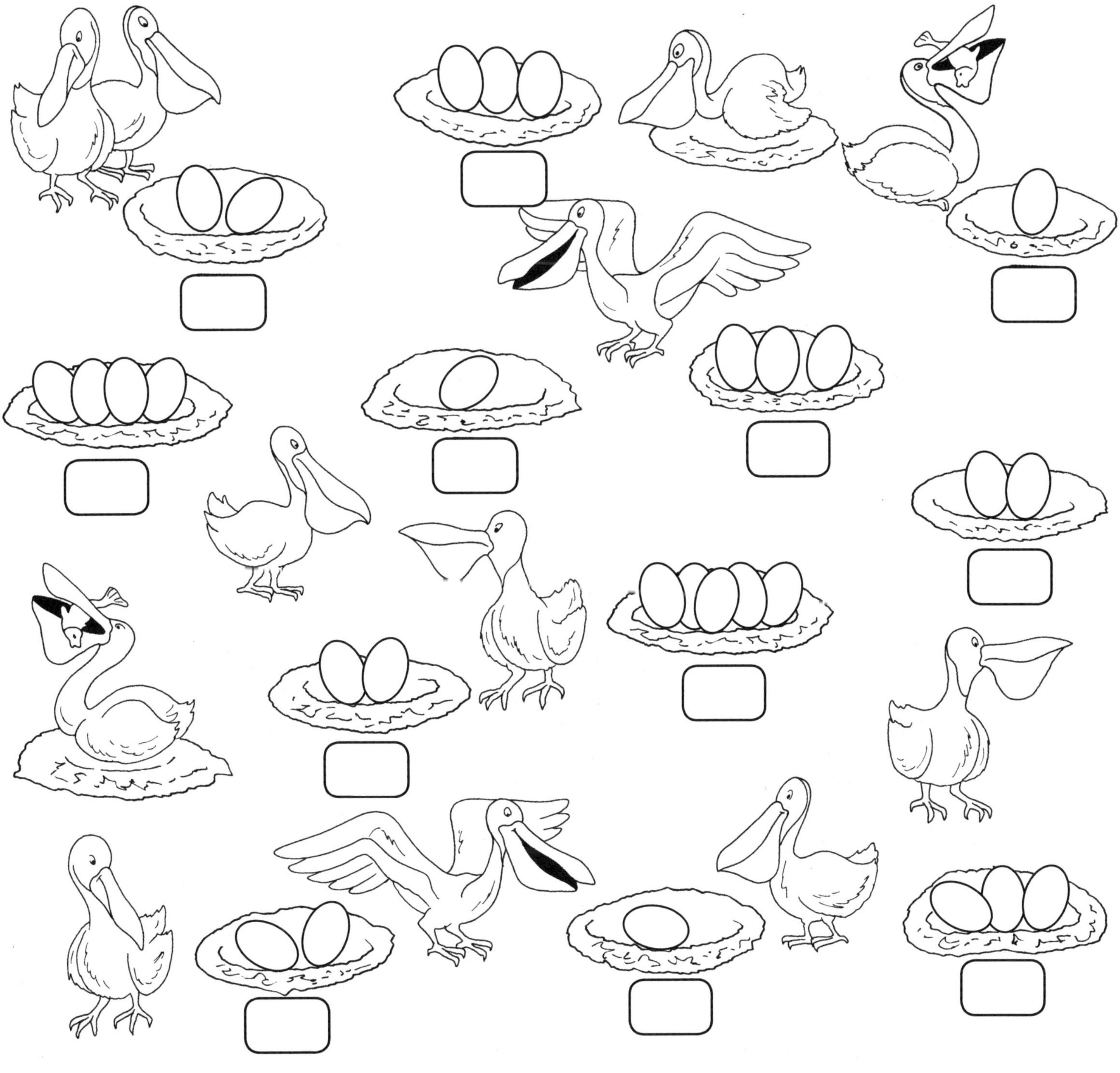

Wir schauen den Affen zu

Du siehst auf dem Bild zwei Affenfamilien. Zähle in jeder die großen und die kleinen Affen und trage die Zahl in das richtige Kästchen ein.

Zähle die Männchen, die Weibchen
und die Jungen der Löwen.
Trage die Zahl in das Kästchen neben
dem jeweiligen Löwenkopf ein.

Wer hat sich hier versteckt?

Wenn du die Felder in den angegebenen Farben anmalst, findest du das Tier.

1	2	3	4	5
rot	blau	grün	schwarz	braun

Male jede Schlange in einer anderen Farbe aus.
Jetzt kannst du sie zählen, wie viele sind es?
Trage die richtige Zahl in das Kästchen ein.

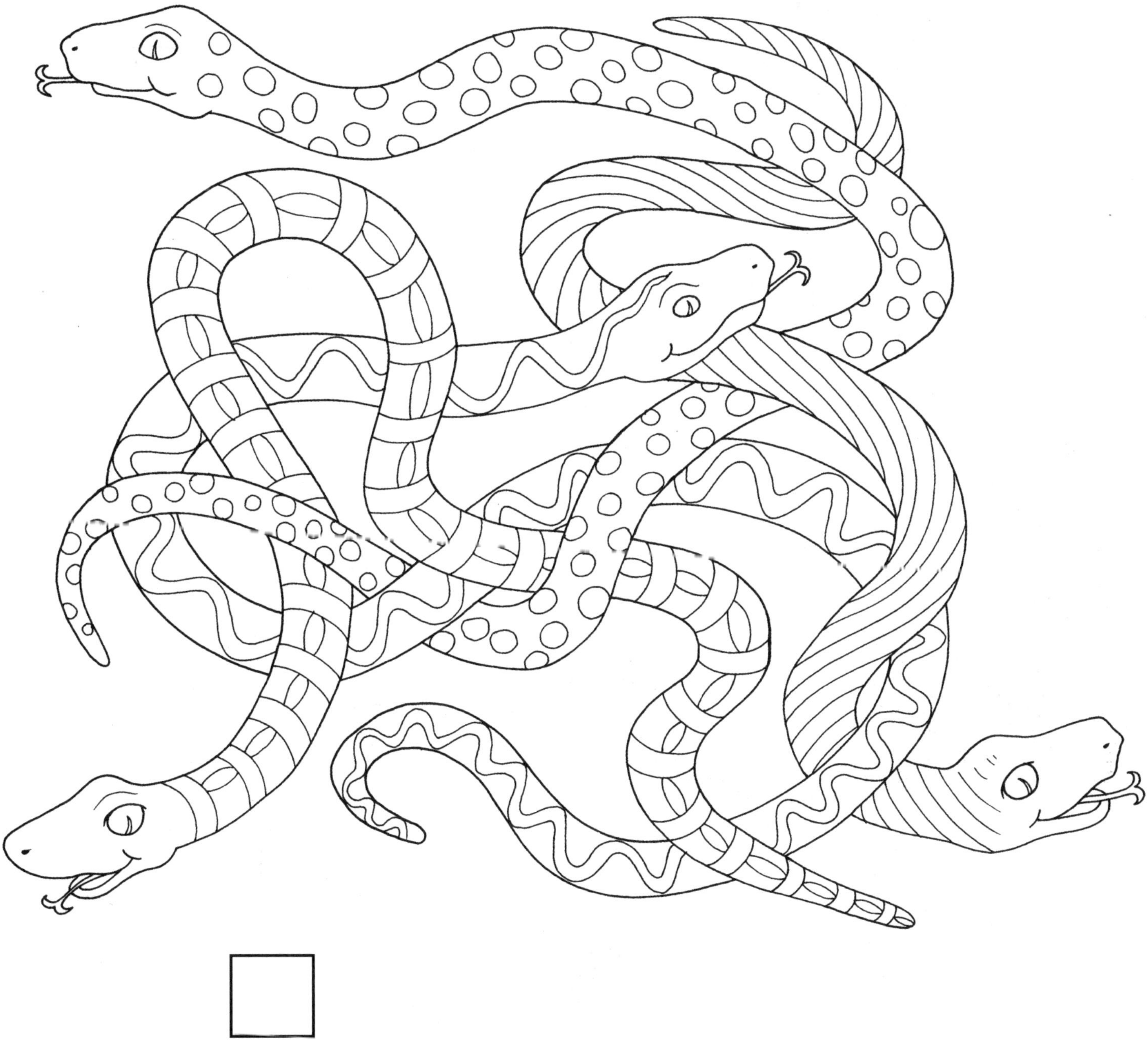

Zoo in Rabenhausen

Schau das Plakat genau an. Alle Tierarten, die du darauf siehst, sind noch einmal unten abgebildet. Wie viele Tiere sind von jeder Art zu sehen? Trage die richtige Zahl in die Kästchen ein.

Das Formen-Männchen hat
alles durcheinandergeworfen.
Male die Formen in den vorgegebenen Farben an.
Dann kannst du sie zählen und die richtigen
Zahlen in die Kästchen eintragen.

Auf einem Bein oder auf zwei'n?

Schau genau hin. Mal steht der Flamingo auf zwei Beinen, mal nur auf einem Bein. Schreibe die richtige Zahl in die Kästchen.

Male die beiden Papageien bunt.
Die Zahlen geben dir an, welche Farbe
du für das einzelne Feld nimmst.

1 = gelb 2 = rot 3 = grün
4 = blau 5 = braun 6 = schwarz

Seite 44:
Elefant, Affe, Giraffe, Tiger, Bär, Kamel, Pinguin, Krokodil

Seite 82:
3 Elefanten, 5 Pelikane, 6 Fische, 4 Murmeltiere, 4 Papageien, 3 Nashörner, 5 Pinguine, 6 Fledermäuse

Seite 84:

9	3	10	1	5	2	6	4	8	7

Seite 85:
Das erste Känguru hüpft 3-mal, das zweite 5-mal, das dritte auch 5-mal und das vierte 6-mal.

Seite 88:
4 große Paviane und 4 kleine; 3 große Gorillas und 2 kleine

Seite 89:
1 männlicher Löwe, 4 Löwinnen und 6 Junge

Seite 91:
Es sind genau 4 Schlangen.

Seite 92:
1 Zebra, 3 Affen, 2 Delfine, 1 Elefant, 2 Robben, 6 Fische

Seite 93:
7 Dreiecke, 6 Rechtecke, 5 Quadrate, 8 Kreise